ICS 01.140
A 14
备案号:43469-2014

WH

中 华 人 民 共 和 国 文 化 行 业 标 准

WH/T 67—2014

期刊论文元数据规范

Journal paper metadata specifications

2014-01-06 发布　　2014-04-01 实施

中 华 人 民 共 和 国 文 化 部　发布

图书在版编目(CIP)数据

WH/T 67—2014 期刊论文元数据规范/中华人民共和国文化部发布. --北京:国家图书馆出版社,2015.12

中华人民共和国文化行业标准

ISBN 978 -7 -5013 -5758 -1

Ⅰ.①W… Ⅱ.①中… Ⅲ.①期刊—论文—数据管理—规范—中国 Ⅳ.①G255.2 -65

中国版本图书馆 CIP 数据核字(2015)第 292017 号

书　　名 WH/T 67—2014 期刊论文元数据规范
著　　者 中华人民共和国文化部　发布
责任编辑 高　爽　王炳乾

出　　版 国家图书馆出版社(100034　北京市西城区文津街 7 号)
(原书目文献出版社　北京图书馆出版社)
发　　行 010 -66114536　66126153　66151313　66175620
66121706(传真),66126156(门市部)
E-mail nlcpress@ nlc. cn(邮购)
Website www. nlcpress. com ——→投稿中心
经　　销 新华书店
印　　装 北京科信印刷有限公司
版　　次 2015 年 12 月第 1 版　2015 年 12 月第 1 次印刷

开　　本 889 ×1194(毫米)　1/16
印　　张 2
字　　数 23 千字

书　　号 ISBN 978 -7 -5013 -5758 -1
定　　价 20.00 元

目　　次

前　言

本标准按照 GB/T 1.1—2009 给出的规则起草。

请注意本标准的某些内容可能涉及专利。本标准的发布机构不承担识别这些专利的责任。

本标准由全国图书馆标准化技术委员会(SAC/TC 389)提出并归口。

本标准起草单位:国家图书馆、中国科学院文献情报中心、山东省图书馆。

本标准起草人:贺燕、王洋、曹宁、槐燕、杨静、王彦侨、王宇鸽、钟晶晶、张建勇、刘峥、鲁宁、周玉山。

引　言

本标准参考国家标准 GB/T 25100—2010《信息与文献——都柏林核心元数据元素集》、科技部科技基础性工作专项资金重大项目“我国数字图书馆标准规范建设”子项目“专门数字对象描述元数据规范”的研究成果及都柏林核心元数据计划(The Dublin Core Metadata Initiative, DCMI)发布的《都柏林核心元数据元素集》(2010-10-11)。本标准保持与文化行业数字资源元数据总则、唯一标识符、对象数据、长期保存的相关标准和项目成果的一致性。

期刊论文元数据规范

1 范围

本标准根据期刊论文资源的内容和特征规定了期刊论文资源的范围、著录对象、著录对象间的关系，确立了期刊论文元数据规范的元素集，并详细定义了元素及其修饰词。

本标准针对期刊论文的通用性元素进行设计，对于其他未包括在内的，以及在应用发展中可能会出现的信息，可以在本标准规范框架的基础上进行扩展。

本标准适用于文化信息机构，其他信息资源领域可直接或经修订后采用，但其修订必须遵循本规范的基本原则与扩展原则。

2 规范性引用文件

下列文件对于本文件的应用是必不可少的。凡是注日期的引用文件，仅注日期的版本适用于本文件。凡是不注日期的引用文件，其最新版本（包括所有的修改版）适用于本文件。

GB/T 3792.1—2009 文献著录　第1部分：总则

GB/T 4880.2 语种名称代码　第2部分：3字母代码

GB/T 7408 数据元和交换格式　信息交换　日期和时间表示法

GB/T 7714—2005 文后参考文献著录规则

GB/T 9999 中国标准连续出版物号

GB/T 18391.3—2009 信息技术　元数据注册系统（MDR）　第3部分：注册系统元模型与基本属性（ISO/IEC11179—3：2003 IDT）

GB/T 25100—2010 信息与文献　都柏林核心元数据元素集

DCMI Usage Board. DCMI Metadata Terms[EB/OL].(2012-06-14)[2012-09-21]. http://dublincore.org/documents/dcmi-terms/

3 术语和定义

下列术语和定义适用于本文件。

3.1

DCMI—都柏林核心元数据计划 DCMI-Dublin Core Metadata Initiative

都柏林核心元数据元素集的维护机构。

[GB/T 25100—2010，定义3.1]

3.2

期刊论文 journal paper

期刊的析出文献,是发表在期刊文献上的学术文章。

注1:不含简介、致谢、编者按、广告等。

注2:除论文内容以外,期刊论文还包含作者姓名、所属机构等信息。

3.3

元数据 metadata

定义和描述其他数据的数据。

[GB/T 18391.3—2009,定义3.2.18]

3.4

元素 element

元数据集合中用于定义和描述数据的基本单元,由一组属性描述、定义、标识,并允许值限定。

3.5

修饰词 qualifier

当元素无法满足对资源对象的精确描述需要时,进一步扩展出的术语。修饰词包括两种类型:元素修饰词和编码体系修饰词。

3.6

元素修饰词 element refinement

对元素的语义进行修饰、提高元素的专指性和精确性。

3.7

编码体系修饰词 encoding scheme

用来帮助解析某个术语值的上下文信息或解析规则。

注:其形式包括受控词表、规范表或者解析规则。

3.8

规范文档 authority file

说明著录元素内容时依据的各种规范。

3.9

复用 reuse

在元数据应用过程中,对于其他元数据标准中已经有明确定义,并适用于本应用领域的元素的直接使用,并在使用时明确标明其地址。

4 期刊论文著录

4.1 著录对象

本标准著录对象为电子期刊论文,包括由印刷型期刊论文数字化而成的派生电子期刊论文及原生电子期刊论文。

4.2 著录单位

电子期刊论文一般以具有独立论文题名的一篇电子期刊论文为著录单位,即以资源的“篇”为著录单位。

5 元素集及扩展原则

5.1 元素集

期刊论文元数据集由 14 个元素,20 个元素修饰词,17 个编码体系修饰词组成,见表 1。

表 1 期刊论文元数据元素及修饰词列表

元素(标签)	元素修饰词	编码体系修饰词	复用其他标准
题名			dc:title
	并列题名		
	其他题名		
创建者			dc:creator
主题			dc:subject
	分类号	中国图书馆分类法(CLC) 美国国会图书馆分类法(LCC) 杜威十进分类法(DDC) 国际十进分类法(UDC) 中国科学院图书馆图书分类法(LASC)	
	主题词	汉语主题词表(CT) 中国分类主题词表(CCT) 美国国会图书馆主题词表(LCSH) 美国医学主题词表(MeSH)	
	关键词		
描述			dc:description
	文摘		dc:abstract
	资助说明		
	创建者说明		
	其他责任者说明		
	卷信息说明		
	期信息说明		
	总期数说明		
其他责任者			dc:contributor
日期		GB/T 7408	dc:date
	出版日期		
格式		因特网媒体类型(IMT)	dc:format
标识符		统一资源标识符(URI) 数字资源唯一标识符(DOI)	dc:identifier

表 1　期刊论文元数据元素及修饰词列表(续)

<table>
<tr><th>元素(标签)</th><th>元素修饰词</th><th>编码体系修饰词</th><th>复用其他标准</th></tr>
<tr><td>来源</td><td></td><td>URI
国际标准连续出版物编号(ISSN)
国内统一书刊号(CN)
DOI</td><td>dc:source</td></tr>
<tr><td>语种</td><td></td><td rowspan="4">GB/T 4880.2
RFC 4646</td><td>dc:language</td></tr>
<tr><td></td><td>正文语种</td><td></td></tr>
<tr><td></td><td>文摘语种</td><td></td></tr>
<tr><td></td><td>关键词语种</td><td></td></tr>
<tr><td rowspan="2">关联</td><td></td><td>URI
ISSN
CN
DOI</td><td>dc:relation</td></tr>
<tr><td>参考文献</td><td></td><td></td></tr>
<tr><td>时空范围</td><td></td><td></td><td>dc:coverage</td></tr>
<tr><td>权限</td><td></td><td></td><td>dc:rights</td></tr>
<tr><td>页码范围</td><td></td><td></td><td>mods:extent</td></tr>
<tr><td></td><td>起页</td><td></td><td>mods:start</td></tr>
<tr><td></td><td>止页</td><td></td><td>mods:end</td></tr>
<tr><td></td><td>总页数</td><td></td><td>mods:total</td></tr>
</table>

5.2　扩展原则

5.2.1　本标准中所有元素/修饰词均为非限制性的，如果在特定的项目或应用中使用，可进行必要的扩展，并增加使用说明。

5.2.2　自行扩展的元素不能和已有的元素有任何语义上的重复。

5.2.3　扩展的修饰词必须遵循向上兼容原则，即修饰词在语义上不能超出被修饰词(元素)的语义。

5.2.4　新增加的元素和修饰词须优先采用 DCMI 中的元素和修饰词，或者是现有其他元数据标准中的元素和修饰词。

5.2.5　新增元素如果复用来自其他元数据标准的元素或修饰词，必须说明来源，使用时严格遵循其语义。

6　元素集及元素定义说明

在本标准中，元素/修饰词名称为小写英文，当名称为两个或两个以上英文单词时，词间应空格，以便于计算机标记和编码，并保证与其他语种的其他元数据标准(如 DC)应用保持语义一致性。标签为中文。

本标准中的标签只是元素名的一个语义属性，在具体的应用领域，为突出资源的个性和元数据的专指性，更好的体现该元素在具体应用中的语义，允许赋予其适合的标签，但语义上与原始定义不允许有冲突、不允许扩大原始定义的语义。

本标准定义的所有元素/修饰词与顺序无关。同一元素/修饰词(如:creator)多次出现,其排序可能是有意义的,但不能保证排序会在任何系统中保存下来。

为促进互操作,推荐尽可能通过建立受控词表来规范元素的取值,因此对于本规范中未提及的受控词表,在具体应用时,也可以自行开发本应用领域的受控词表。

为了便于理解与使用,每一元素后增加一些示例,说明其具体用法,但元素的使用当不限于示例所举。

为规范元数据标准中元素及修饰词等术语的定义,本标准所有元素术语的定义借鉴 DCMI 术语的定义方法以及 GB/T 18391.3—2009 标准,根据实际使用情况,按表 2 中给出的 14 个方面进行定义:

表 2 期刊论文元数据标准术语定义

序号	属性名	属性定义	约束
1	名称(Name)	赋予术语的唯一标记,一般为英文小写	必备
2	出处(Defined By)	一般给出定义术语(特别是给出术语“名称”与“标识符”)的来源名称及来源的 URI。如无来源名称与 URI,也可以是定义术语或维护术语的机构名称。或者也可以是书目引文,指向定义该术语的文献	必备
3	标签(Label)	描述术语的可读标签,一般为中文,可随资源不同选择不同的描述术语	必备
4	定义(Definition)	对术语概念与内涵的说明	必备
5	注释(Comments)	关于术语或其应用的其他说明,如特殊的用法等	可选
6	术语类型(Type of Term)	术语的类型。其值为:元素、元素修饰词和编码体系修饰词	必备
7	限定(Refines)	在定义元素修饰词时,在此明确指出该术语修饰的元素。一般给出所修饰元素的名称,推荐同时给出 URI	有则必备
8	元素修饰词(Refined By)	在定义元素时,在此项中给出限定此元素的元素修饰词。一般给出元素修饰词的名称,但允许按中文习惯引用其标签,推荐同时给出 URI	有则必备
9	编码体系应用于(Encoding Scheme For)	在定义编码体系修饰词时,在此给出该术语修饰的元素。一般给出所修饰元素的名称,推荐同时给出 URI	有则必备
10	编码体系修饰词(Encoding Scheme)	在定义元素时,如果元素有编码体系修饰词,在此给出编码体系修饰词,一般给出术语的名称,推荐同时给出 URI	有则必备
11	数据类型(Datatype)	术语允许取值的数据类型	可选
12	版本(version)	产生该术语的元数据规范版本	可选
13	语言(Language)	用来说明术语的语言	可选
14	频次范围(Occurrence)	术语使用的频次范围。采用区间的表示方法:[min,max],同时包括了对必备性和最大使用频率的定义。如:min = 0 表示可选;min = 1 表示必备;max = ∞ 表示最大使用频次没有限制	可选

表2　期刊论文元数据标准术语定义（续）

序号	属性名	属性定义	约束
注：为了便于广泛使用，元数据标准应该定义尽量宽泛；其中8—11仅在核心集扩展时使用，上述14个属性可以固定取值的： a）版本：1.0 b）语言：缺省为简体中文 c）数据类型：字符串 d）频次范围：一般不限，为［0，∞），在制订著录规则时应给出实际的范围			

7　元素及其修饰词定义

7.1　元素

7.1.1　题名

名称：title

出处：http://dublincore.org/documents/dces/

标签：题名

定义：论文题名。

注释：通常指期刊论文的正题名，包括对正题名的解释性题名。

术语类型：元素

元素修饰词：并列题名（parallel title）；其他题名（other title）。

示例：

题名：用户行为研究

7.1.2　创建者

名称：creator

出处：http://dublincore.org/documents/dces/

标签：创建者

定义：创建期刊论文内容的主要个人或团体。

注释：通常指期刊论文著者或者编译者，包括个人、组织等。

术语类型：元素

示例：

创建者：索传军

7.1.3　主题

名称：subject

出处：http://dublincore.org/documents/dces/

标签：主题

定义:期刊论文的主题描述。

注释:一般采用关键词、关键词短语或分类号来描述。建议从受控词表或规范分类词表中取值。

术语类型:元素

元素修饰词:分类号(classification);主题词(subject heading);关键词(keyword)。

示例:

主题词:计算机辅助设计

注:此主题词取自《中国分类主题词表》

7.1.4 描述

名称:description

出处:http://dublincore.org/documents/dces/

标签:描述

定义:期刊论文内容的说明。

注释:描述包括但不限于以下内容:文摘、目录及其他文字说明等。

术语类型:元素

元素修饰词:文摘(abstract);资助说明(fund);创建者说明(explain);其他责任者说明(contributor explain);卷信息说明(volume);期信息说明(issue);总期数说明(tot)。

示例1:

描述:从馆藏信息资源的优化配置、服务与需求间的和谐关系及构建和谐的内部管理三方面入手,阐述了高职院校图书馆要以"以人为本"的办馆理念、服务理念、管理理念来努力创建适应本校发展的服务模式,营造和谐的高校院校图书馆。(期刊论文的摘要)

示例2:

描述:本文为天津市哲学社会科学研究规划(社科基金)项目:"肯尼斯·雷克思罗斯诗歌创作研究"的阶段性成果(项目编号:TJYW10-1-627)

7.1.5 其他责任者

名称:contributor

出处:http://dublincore.org/documents/dces/

标签:其他责任者

定义:对期刊论文内容创建做出贡献的其他责任者。

注释:通常指期刊论文的责任编辑,同时对论文提供贡献的个人、组织等,通常用其他责任者名称来标识。建议为其他责任者名称建立规范档。具体应用时,宜采用 *UNIMARC Manual: Bibliographic Format* 中"附录C:责任关系词代码"(Appendix C: Relator Codes)对"其他责任者"元素进行限定。

术语类型:元素

示例1:

其他责任者:李四

示例2:

其他责任者:Stanford Library committee

7.1.6 日期

名称:date

出处:http://dublincore.org/documents/dces/

标签:日期

定义:记录与期刊论文生命周期中某个事件相关的时间。

注释:日期可以用来表达任何级别粒度的时间信息。建议采用规范编码体系,如 GB/T 7408—2005。

术语类型:元素

编码体系修饰词:GB/T 7408

元素修饰词:出版日期(issued)

示例:

日期:2009-03-05(论文出版日期)

编码体系修饰词:GB/T 7408

7.1.7 格式

名称:format

出处:http://dublincore.org/documents/dces/

标签:格式

定义:期刊论文的文件格式、物理媒体或尺寸规格。

注释:包括文件格式、媒体类型或尺寸规格。可以用来标识展示或操作期刊论文资源所需要的软硬件或其他相应设备。对于电子版期刊论文,尺寸规格是文件大小。取值参照:IMT(因特网媒体类型)。

术语类型:元素

编码体系修饰词:IMT

示例:

格式:text/xml

编码体系修饰词:IMT

7.1.8 标识符

名称:identifier

出处:http://dublincore.org/documents/dces/

标签:标识符

定义:在特定范围内给予期刊论文的一个明确的标识。

注释:建议采用符合正式标识符体系的字符串进行标识,正式的标识符体系包括但不限于 URI、DOI 等。

术语类型:元素

编码体系修饰词:包括但不限于:URI;DOI

示例:

标识符:10.3969

编码体系修饰词:DOI

7.1.9 来源

名称:source

出处:http://dublincore.org/documents/dces/

标签:来源

定义:对当前期刊论文来源或所属集合的描述。

注释:记录析出当前期刊论文的来源或所属集合的全部信息,可著录题名,也可著录 DOI 或 ISSN 等。

术语类型:元素

编码体系修饰词:URI;ISSN;CN;DOI

示例 1:

来源:图书情报工作(期刊题名)

示例 2:

来源:0913 – 5685

编码体系修饰词:ISSN

7.1.10 关联

名称:relation

出处:http://dublincore.org/documents/dces/

标签:关联

定义:相关资源,与本文具有同级关联关系的文献,如一篇论文的其他版本或者引用此论文的文献等。

注释:描述相关资源的标识,不描述具体的相关关系类型(版本关联、被参照、格式转换等)。如有需要,可在应用时自行扩展。本标准优先根据正式的标识系统,通过一个字符串或一组数字标识所关联的文献资源。如 DOI。

术语类型:元素

元素修饰词:参考文献(reference)

编码体系修饰词:URI;ISSN;CN;DOI 等

示例:

关联:How Libraries Stack Up:2010(《OCLC 成员报告:2010 图书馆现状》的英文版)

7.1.11 语种

名称:language

出处:http://dublincore.org/documents/dces/

标签:语种

定义:期刊论文采用的语种。

注释:建议本元素取值于受控词表,如 GB/T 4880.2、RFC 4646。

术语类型:元素

元素修饰词:正文语种(text language);文摘语种(abstract language);关键词语种(keyword language)

编码体系修饰词:GB/T4880.2—2000;RFC4646

示例1:

语种:chi

编码体系修饰词:GB/T 4880.2

示例2:

语种:eng

编码体系修饰词:RFC 4646

7.1.12 权限

名称:rights

出处:http://dublincore.org/documents/dces/

标签:权限

定义:期刊论文本身的所有者权利信息或被赋予的权利信息。

注释:期刊是否允许被免费下载。

术语类型:元素

示例:

权限:馆内阅览

7.1.13 时空范围

名称:coverage

出处:http://dublincore.org/documents/dces/

标签:时空范围

定义:期刊论文所涉及的空间或时间主题,期刊论文所适用的空间或资源所辖的范围。

注释:期刊论文所涉及的空间主题或所适用的空间范围可以是一个地名或地理坐标,时间范围可以是一个时间间隔、日期或日期范围。所辖范围可以是期刊论文所适用的行政实体或地理区域。建议采用受控词表。

术语类型:元素

示例1:

时空范围:1966—1976

示例2:

时空范围:中国

注:期刊论文"论'文化大革命'对中国经济发展产生的影响"的时间范围和空间范围。

7.1.14 页码范围

名称:extent

出处:http://www.loc.gov/standards/mods/mods-outline.html

标签:页码范围

定义:期刊论文的页码相关信息。

注释:包括期刊论文的总页数、起页和止页。

术语类型:元素

元素修饰词:起页(start page);止页(end page);总页数(total page)

示例:

起页:12

止页:17

总页数:6

注:期刊论文《论文化大革命对中国经济产生的影响》的起页、止页和总页数。

7.2 元素修饰词

7.2.1 并列题名

名称:parallel title

出处:全国信息与文献标准化技术委员会. 文献著录:第 1 部分 总则(GB/T 3792. 1—2009). 北京:中国标准出版社,2010

标签:并列题名

定义:用另一种语言文字表示的正题名。

术语类型:元素修饰词

限定:题名(title)

示例:

并列题名:Research of User Behavior

7.2.2 其他题名

名称:other title

出处:国家数字图书馆工程期刊论文元数据规范

标签:其他题名

定义:除了正题名以外的其他题名。

注释:可以包括用来限定、补充、解释、说明正式题名的文字或缩略题名等。

术语类型:元素修饰词

限定:题名(title)

示例:

其他题名:OCLC2009 年年度报告中文版

7.2.3 分类号

名称:classification

出处:http://dublincore. org/documents/dces/

标签:分类号

定义:根据特定分类法对期刊论文赋予的分类标识。

注释:根据特定分类法给出的反映文献内容的分类标识。

术语类型:元素修饰词

限定:主题

编码体系修饰词:包括但不限于:CLC;DDC;LCC;UDC;LASC

示例：

分类号:G252

注:取自《中国图书馆分类法》。

7.2.4 主题词

名称:subject heading

出处:http://dublincore. org/documents/dces/

标签:主题词

定义:根据特定主题词表对文献进行标引所采用的词或短语。

注释:主题词应严格参照主题规范词表著录。

术语类型:元素修饰词

限定:主题(title)

编码体系修饰词:包括但不限于:LCSH;MeSH;CT;CCT

示例：

主题词:文艺评论

注:取自《汉语主题词表》。

7.2.5 关键词

名称:keyword

出处:http://dublincore. org/documents/dces/

标签:关键词

定义:对论文内容进行揭示所采用的词或短语。

注释:概括文献主题内容的名词、术语等,可以是非控主题词。

术语类型:元素修饰词

限定:主题(title)

示例 1：

关键词:人格特质理论

示例 2：

关键词:theory of personality trait

7.2.6 文摘

名称:abstract

出处:http://dublincore. org/documents/dces/

标签:文摘

定义:论文文摘。

注释:期刊论文文摘,是对文章内容的概括。

术语类型:元素修饰词

限定:描述(description)

示例 1：

文摘:本文简要介绍了人格特征的概念和著名理论,在此基础上结合 CNNIC 发布的用户数据对用户进行分群。探讨了不同网络用户群的信息行为与其人格特征之间的关系。最后从网络信息内容的维度，对具体的影响和相关性进行了论证。

示例 2：

文摘：In this presentation, we would like to review for recent studies of convective motion on binary fluid mixtures with both our published paper (Prog. Theor. Phys. 96(1996) 669.) by using the two-dimensional MAC scheme for computer simulation. Convection near the saddle-node point develops modulation traveling wave...

7.2.7 资助说明

名称：fund

出处：国家数字图书馆工程期刊论文元数据规范

标签：资助说明

定义：期刊论文研究所受资助的基金名称。

注释：一般指期刊论文受到某个机构所设立的基金支持，可以具体到项目名称及项目编号。

术语类型：元素修饰词

限定：描述(description)

示例：

资助说明：the Major State Basic Research Development Program under Contract NO. G20000774

7.2.8 创建者说明

名称：explain

出处：国家数字图书馆工程期刊论文元数据规范

标签：创建者说明

定义：创建期刊论文内容的主要个人或团体的相关说明内容。

注释：说明创建者生卒年、责任顺序、性别、所属机构、学术成就、机构沿革等相关内容。

术语类型：元素修饰词

限定：描述(description)

示例：

责任者说明：李明(男，1964—)，责任顺序为 1。广东外语外贸大学外国语言学及应用语言学研究中心兼职研究员。研究方向：翻译学，功能语言学，社会语言学。

7.2.9 其他责任者说明

名称：contributor explain

出处：国家数字图书馆工程期刊论文元数据规范

标签：其他责任者说明

定义：对期刊论文内容创建做出贡献的其他责任者的相关说明内容。

注释：说明其他责任者所属机构、性别、生卒年、学术成就、机构沿革等相关内容。

术语类型：元素修饰词

限定：描述(description)

示例：

其他责任者说明：王亚旭(男，1967—)，重庆医科大学附属第二医院普外科副主任医师。主要从事胃肠道肿瘤及便秘治疗方面研究。

7.2.10 卷信息说明

名称:volume

出处:国家数字图书馆工程期刊论文元数据规范

标签:卷信息说明

定义:期刊从创始年度开始按年度顺序逐年累加的编年号。

注释:期刊的卷信息,一般采用阿拉伯数字。

术语类型:元素修饰词

限定:描述(description)

示例:

卷信息说明:38

7.2.11 期信息说明

名称:issue

出处:国家数字图书馆工程期刊论文元数据规范

标签:期信息说明

定义:年度中期刊依时间顺序发行的期数的编号。

注释:期刊的期信息,一般采用阿拉伯数字。

术语类型:元素修饰词

限定:描述(description)

示例:

期信息说明:12

7.2.12 总期数说明

名称:total issue

出处:国家数字图书馆工程期刊论文元数据规范

标签:总期数

定义:期刊依时间顺序发行的总期数的编号。

注释:期刊的总期数信息,一般采用阿拉伯数字。

术语类型:元素修饰词

限定:描述(description)

示例:

总期数说明:267

7.2.13 出版日期

名称:issued

出处:http://dublincore.org/documents/dces/

标签:出版日期

定义:刊登期刊论文这一期刊的出版日期。

注释:建议采用规范编码体系,如 GB/T 7408。

术语类型:元素修饰词

限定:日期(date)

编码体系修饰词:GB/T 7408

示例:

出版日期:2011-03-08(论文出版年月日)

编码体系修饰词:GB/T 7408

7.2.14 正文语种

名称:text language

出处:http://dublincore.org/documents/dces/

标签:正文语种

定义:期刊论文正文的语种。

注释:建议取值于受控词表,如 GB/T 4880.2。

术语类型:元素修饰词

限定:语种(language)

编码体系修饰词:GB/T 4880.2;RFC 4646

示例:

正文语种:chi

编码体系修饰词:GB/T 4880.2

7.2.15 文摘语种

名称:abstract language

出处:国家数字图书馆工程期刊论文元数据规范

标签:文摘语种

定义:不同于正文的期刊论文文摘的语种。

注释:建议取值于受控词表,如 GB/T 4880.2。

术语类型:元素修饰词

限定:语种(language)

编码体系修饰词:GB/T 4880.2;RFC 4646

示例:

文摘语种:eng

编码体系修饰词:GB/T 4880.2

7.2.16 关键词语种

名称:keyword language

出处:国家数字图书馆工程期刊论文元数据规范

标签:关键词语种

定义:不同于正文的期刊论文关键词的语种。

注释:建议取值于受控词表,如 GB/T 4880.2。

术语类型:元素修饰词

限定:语种(language)

编码体系修饰词:GB/T 4880.2;RFC 4646。

示例:

关键词语种:eng

编码体系修饰词:GB/T 4880.2

7.2.17 参考文献

名称:reference

出处:国家数字图书馆工程期刊论文元数据规范

标签:参考文献

定义:期刊论文正文后或页脚所附参考文献。

注释:建议采用国家标准 GB/T 7714—2005《文后参考文献著录规则》。

术语类型:元素修饰词

限定:关联(relation)

示例:

参考文献:刘彻东.中国的青年刊物:个性特色为本[J].中国出版,1998(5):36—39.

7.2.18 起页

名称:start page

出处:http://www.loc.gov/standards/mods/mods-outline.html

标签:起页

定义:论文在文献编排中的起始位置信息。

注释:一篇论文在期刊文献编排中的起始页码。

术语类型:元素修饰词

限定:页码范围(extent)

示例:

起页:15

7.2.19 止页

名称:end page

出处:http://www.loc.gov/standards/mods/mods-outline.html

标签:止页

定义:论文在期刊中的结束和跳转页码。

注释:一篇论文在期刊中的结束和跳转页码,出现转页时,以逗号分隔不同页码段。

术语类型:元素修饰词

限定:页码范围(extent)

示例 1：

止页：20

示例 2：

止页：15，38

7.2.20 总页数

名称：total page

出处：http://www.loc.gov/standards/mods/mods-outline.html

标签：总页数

定义：论文在文献中所占页数总和。

注释：一篇论文在期刊文献中所占页数总和。

术语类型：元素修饰词

限定：页码范围（extent）

示例：

总页数：6

7.3 编码体系修饰词

7.3.1 中国图书馆分类法

名称：CLC

出处：国家图书馆．中国图书馆分类法．第 5 版．北京：国家图书馆出版社，2010

标签：中国图书馆分类法

定义：中国图书馆分类法。

术语类型：编码体系修饰词

编码体系应用于：分类号（classfication）

示例：

主题：G254.31

编码体系修饰词：CLC

7.3.2 美国国会图书馆分类表

名称：LCC

出处：http://classificationweb.net/

标签：国会图书馆分类表

定义：国会图书馆分类表。

术语类型：编码体系修饰词

编码体系应用于：分类号（classfication）

示例：

分类号：CC140

编码体系修饰词：LCC

7.3.3 杜威十进分类法

名称:DDC

出处:http://www.oclc.org/dewey/

标签:杜威十进分类法

定义:杜威十进分类法。

术语类型:编码体系修饰词

编码体系应用于:分类号(classfication)

示例:

分类号:372.416

编码体系修饰词:DDC

7.3.4 国际十进分类法

名称:UDC

出处:http://www.udcc.org/

标签:国际十进分类法

定义:国际十进分类法。

术语类型:编码体系修饰词

编码体系应用于:分类号(classfication)

示例:

分类号:316.35

编码体系修饰词:UDC

7.3.5 中国科学院图书馆图书分类法

名称:LASC

出处:中国科学院图书馆图书分类法. 北京:科学出版社,1994

标签:中国科学院图书馆图书分类法

定义:中国科学院图书馆图书分类法。

术语类型:编码体系修饰词

编码体系应用于:分类号(classfication)

示例:

分类号:58.059

编码体系修饰词:LASC

7.3.6 汉语主题词表

名称:CT

出处:中国科学技术情报研究所,北京图书馆. 汉语主题词表. 北京:科学技术文献出版社,1979

标签:汉语主题词表

定义:汉语主题词表。

术语类型:编码体系修饰词

编码体系应用于:主题词(subject heading)

示例:

主题词:图书馆工作

编码体系修饰词:CT

7.3.7 中国分类主题词表

名称:CCT

出处:中国图书馆分类法编辑委员会. 中国分类主题词表. 第2版. 北京:北京图书馆出版社,2005

标签:中国分类主题词表

定义:中国分类主题词表。

术语类型:编码体系修饰词

编码体系应用于:主题词(subject heading)

示例:

主题词:财政预算

编码体系修饰词:CCT

7.3.8 美国国会图书馆主题词表

名称:LCSH

出处:http://classificationweb. net/

标签:美国国会图书馆主题词表

定义:美国国会图书馆主题词表。

术语类型:编码体系修饰词

编码体系应用于:主题词(subject heading)

示例:

主题词:Library administration

编码体系修饰词:LCSH

7.3.9 美国医学主题词表

名称:MeSH

出处:http://www. ncbi. nlm. nih. gov/mesh

标签:医学主题词表

定义:医学主题词表。

术语类型:编码体系修饰词

编码体系应用于:主题词(subject heading)

示例:

主题词:Medical Assistance

编码体系修饰词:MeSH

7.3.10 GB/T 7408

名称:GB/T 7408

出处:GB/T 7408 数据元和交换格式　信息交换　日期和时间表示法。

定义:由中国标准化研究院制定的日期和时间的编码规则,等同采用国际标准 ISO 8601—2000《数据元和交换格式 信息交换 日期和时间表示法》。

术语类型:编码体系修饰词

编码体系应用于:日期(date)

示例:

日期:2005－12－29

编码体系修饰词:GB/T 7408

7.3.11　因特网媒体类型

名称:IMT

出处:http://www.iana.org/assignments/media-types/index.html

标签:因特网媒体类型

定义:资源的因特网媒体类型。

术语类型:编码体系修饰词

编码体系应用于:格式(format)

示例:

格式:text/xml

编码体系修饰词:IMT[MIME]

7.3.12　统一资源标识符

名称:URI

出处:http://www.ietf.org/rfc/rfc3986.txt

标签:统一资源标识符

定义:统一资源标识符。

术语类型:编码体系修饰词

编码体系应用于:标识符(identifier);来源(source);关联(relation)

示例:

标识符:http://www.dlf.net.cn/articleshow.asp? goods_name=2013%C4%EA%B5%DA1%C6%DA

编码体系修饰词:URI

7.3.13　数字资源唯一标识符

名称:DOI

出处:http://www.doi.org/doi_handbook/TOC.html

标签:数字资源唯一标识符

定义:数字资源唯一标识符(Digital Object Identifier,简称 DOI)。

术语类型:编码体系修饰词

编码体系应用于:标识符(identifer);来源(source);关联(relation)。

示例：

标识符：10.3969/j. issn. 1672—7139

编码体系修饰词：DOI

7.3.14 国际标准连续出版物编号

名称：ISSN

出处：http://www.issn.org/

标签：国际标准连续出版物编号

定义：国际标准连续出版物编号。

术语类型：编码体系修饰词

编码体系应用于：来源（sourse）；关联（relation）

示例：

来源：1001－8867

编码体系修饰词：ISSN

7.3.15 国内统一书刊号

名称：CN

出处：《中国标准连续出版物号》（GB/T 9999）

标签：国内统一书刊号

定义：国内统一书刊号。

术语类型：编码体系修饰词

编码体系应用于：来源（source）；关联（relation）

示例：

来源：11－4099

编码体系修饰词：CN

7.3.16 GB/T 4880.2

名称：GB/T 4880.2

出处：中国标准研究中心等．语种名称代码　第2部分：3字母代码．北京：中国标准出版社，2001

标签：语种名称代码 第2部分：3字母代码

定义：GB/T 4880.2标准中心3字母语种识别代码。

术语类型：编码体系修饰词

编码体系应用于：语种（language）

示例：

语种：chi

编码体系修饰词：GB/T 4880.2

7.3.17 RFC 4646

名称：RFC 4646

出处：http://www.ietf.org/rfc/rfc4646.txt

标签:RFC 4646 语种识别标签集合

定义:根据 RFC 4646 确定的语种识别标签集合。

术语类型:编码体系修饰词

编码体系应用于:语种(language)

示例:

语种:zh

编码体系修饰词:RFC 4646

参考文献

[1] 郑巧英,王绍平,汪东波. 国家图书馆管理元数据规范和应用指南[M]. 北京:国家图书馆出版社,2010

[2] 孙坦,宋文,贺燕. 国家图书馆数字资源唯一标识符规范和应用指南[M]. 北京:国家图书馆出版社,2010

[3] DCMI Usage Board. DCMI Metadata Terms[EB/OL]. [2009 - 12 - 24]. http://dublincore. org/documents/dcmi-terms/

[4] MODS:Metadata Object Description Schema[EB/OL]. [2009 - 12 - 24]. http://www. loc. gov/standards/mods/

[5] METS:Metadata Encoding&Transmission Standard[EB/OL]. [2009 - 12 - 24]. http://www. loc. gov/standards/mets/

[6] AMS:Administrative Metadata Specifications Of the Nation Library of China

[7] vCard[EB/OL]. [2009 - 12 - 27] . http://www. imc. org/pdi/vcardoverview. html

[8] Zhang,Xiaolin. Driving digital libraries forward by metadata development[C]. DCMI 2004,Shanghai,2004

[9] DCMI Metadata Terms[EB/OL]. [2009 - 12 - 24]. http://dublincore. org/2008/01/14/dcterms. rdf

[10] DCMI Metadata Terms. [DCMI TERMS] Metadata Object Description Schema. [MODS] DCMI Abstract Model. [DCMI]

[11] Universal Resource Identifiers . (URI):Generic Syntax. [RFC3986] Digital Object Identifi(DOI)

ISBN 978-7-5013-5758-1

9 787501 357581 >

定价：20.00 元

ICS 01.140
A 14
备案号:36943－2012

WH

中华人民共和国文化行业标准

WH/T 49—2012

音频数据加工规范

Specifications and guidelines for sound recording migration and reformatting

2012－08－06 发布　　2012－12－01 实施

中华人民共和国文化部　发布

图书在版编目(CIP)数据

WH/T 49—2012 音频数据加工规范/中华人民共和国文化部发布. --北京:国家图书馆出版社,2015.12
中华人民共和国文化行业标准
ISBN 978-7-5013-5752-9

Ⅰ.①W… Ⅱ.①中… Ⅲ.①视听资料—数据处理—规范—中国 Ⅳ.①G255.73-65

中国版本图书馆 CIP 数据核字(2015)第 292015 号

书　　名 WH/T 49—2012 音频数据加工规范
著　　者 中华人民共和国文化部 发布
责任编辑 高 爽 王炳乾

出　　版 国家图书馆出版社(100034 北京市西城区文津街 7 号)
(原书目文献出版社 北京图书馆出版社)
发　　行 010-66114536 66126153 66151313 66175620
66121706(传真),66126156(门市部)
E-mail nlcpress@nlc.cn(邮购)
Website www.nlcpress.com ——→投稿中心
经　　销 新华书店
印　　装 北京科信印刷有限公司
版　　次 2015 年 12 月第 1 版 2015 年 12 月第 1 次印刷

开　　本 889×1194(毫米) 1/16
印　　张 0.75
字　　数 10 千字

书　　号 ISBN 978-7-5013-5752-9
定　　价 20.00 元